Tod im Leben

Leben im Tod

AF219792

Tod im Leben

Leben im Tod

Erläuterungen zum Kurs 12/II des Faches Katholische Religionslehre

von Axel Burghausen

© 2020
Herstellung und Verlag:
BoD – Books on Demand, Norderstedt
ISBN: 978-3-7519-9992-2

Inhaltsverzeichnis

Wie es zur Abfassung dieses Buches kam

Religionsunterricht besteht nicht nur aus Aufgaben und deren Kontrolle. Doch wem sage ich das. Corona aber macht alles sehr schwierig. Normalerweise wären die Aufgaben Ausgangspunkt für Diskussionen unter den Schülern, in die sich schließlich auch der Lehrer mit seiner Auffassung und mit weiteren Informationen einschaltet. In Zeiten des digitalen Unterrichts sind aber die Diskussionen nicht möglich. Um wenigstens die Schüler gedanklich weiterführen zu können, habe ich für mich die Form der Erläuterungen gefunden. Diese gehen zwar von den von mir gestellten Aufgaben aus, führen den Gedanken aber weiter und liefern den Schülern damit das, was ich sonst im Unterricht mündlich ergänzt habe, soweit es nicht von den Schülern selber kam. Sehr schnell wurde mir bewusst, dass meine Erläuterungen auch ohne Kenntnis der Ausgangsmedien sowie der Aufgaben verständlich sind, und dieser Eindruck wurde mir von Kolleginnen, die meine Erläuterungen lasen, bestätigt. (Die besprochenen Bilder können im Internet angesehen werden.)

Da nur etwa die Hälfte des Kurses KR 12/II (Q 1) vom Lockdown und der dann folgenden teilweisen Öffnung betroffen war, habe ich mich nun entschlossen, den fehlenden ersten Teil zu ergänzen und die vorhandenen Erläuterungen so umzuschreiben, dass der Bezug auf die konkret angesprochen Schüler (einschließlich organisatorischer Informationen) wegfällt. Das so entstandene Buch ist für mich eine Rechenschaft über das, was meine Schüler in diesem

Halbjahr lernen konnten, wenn sie mitarbeiteten und bereit waren, den gedanklichen Faden mitzuverfolgen.

Dieses Buch ist also keine Textsammlung, kein Schulbuch und auch kein Lehrerkommentar. Es enthält, was der Begriff besagt: Erläuterungen. Der Fachmann wird alles selber wissen – aber vielleicht ist es interessant zu sehen, welche Inhalte ich auswähle (auch im Hinblick auf einen mit Christen beider Konfessionen und vielen Muslimen zusammengesetzten Kurs), wie ich den roten Faden setze und welche Meinungen ich selber vertrete. Wer kein Fachmann ist, wird manches lernen, denn Überzeugungen moderner Theologie sind auch Christen häufig nicht vertraut. Und vielleicht gewinne ich die Motivation, auch zu anderen Halbjahren des Oberstufenunterrichts solche Erläuterungen zu formulieren, zumal ich inzwischen im Ruhestand bin und so ein Fazit meiner Lehrtätigkeit ziehen kann.

1 Der Tod als Grenze – und die Frage über die Grenze hinaus

1.1 Tod und Leben - ein ungleiches Paar

Grundlage: unterschiedliche Medien

Der polnische Schriftsteller Andrzej Szczypiorski sagte in einem Vortrag (in Bezug auf das Internet), dass wir heute in der Lage seien, immer mehr Wissen zu erwerben. Diese quantitative Zunahme führe aber dazu, dass wir immer weniger das reflektierten, worauf es im Leben ankäme. Dieses Entscheidende sei der Gedanke an den Tod.

Der Kupferstich von Matthäus Merian dem Älteren aus seinem Basler Totentanz aus dem Jahre 1744 (s. Titelblatt) zeigt einen vornehmen Mann mittleren Alters mit Bart und eleganter Kleidung. Dreht man das Blatt um, sieht man einen grinsenden Totenschädel. In derselben Gestalt sind Leben und Tod zu erkennen – eine Frage der Perspektive.

Eine ähnliche Botschaft vermittelt ein hölzerner Handtuchhalter aus dem 16. Jahrhundert. Auf der rechten Seite sieht man eine schöne junge Frau mit Krone, Perlenkette, eleganter Kleidung und geschminktem Gesicht. Dieselbe Gestalt setzt sich links als Skelett fort: Schönheit, Reichtum und Individualität sind verschwunden, nur noch eine Ruine ist übrig. Die Frau, die sich wäscht und schön macht, hat durch diesen Handtuchhalter den Tod immer vor Augen. Alles Lebendige ist vergänglich.

„Memento mori", denke daran, dass du sterben musst, ist die Mahnung, die in beiden Abbildungen deutlich wird. Sie entspricht der Erfahrung der damaligen Menschen. Der Tod ist in diesen Jahrhunderten allgegenwärtig. Wohl jeder hat das Sterben Angehöriger erlebt und begleitet. Das Wissen, dass alles schnell und überraschend zu Ende sein kann, prägt das Denken und Fühlen der Menschen.

Eine andere Erfahrung vermittelt eine Karikatur von P. Gay. Vor einer Wohnungstür steht der in einen weiten Mantel gehüllte Tod. Man erkennt den Schädel und die Hände des Gerippes. In seiner rechten Hand hält er eine Sense. Eine einfach gekleidete Frau öffnet die Tür einen Spalt weit und sagt zum Tod: „Nein danke – Wir sterben nicht!"

Die Karikatur spielt ironisch mit dem Bild des Vertreters vor der Tür, der z.B. Zeitschriften oder andere Waren verkaufen will. In ähnlicher Weise wie dieser Vertreter wird hier der Tod energisch abgewiesen.

Wir sterben nicht, das ist heute die Alltagserfahrung vieler. Der Durchschnitt der Menschen wird bedeutend älter als früher, oft lebt man Jahrzehnte, ohne den Tod Verwandter zu erleben, und wenn jemand stirbt, geschieht es häufig verborgen und fast anonym. Man hört davon, dass Menschen sterben, aber es sind immer die anderen. Eine Begrenzung der eigenen Existenz kann man sich nur schlecht vorstellen. Das Leben dominiert, der Tod ist bescheiden geworden.

Der Literaturkritiker Marcel Reich-Ranicki sah den Tod dagegen in einem Interview (2012) als „übermächtigen Gegner". Er vernichte im Alter immer mehr von uns, ohne dass wir uns wehren könnten, und lösche uns am Ende gänzlich aus. Der Tod sei sinnlos und vernichtend und er lasse am Ende auch das Leben sinnlos werden. Weder Religion noch Literatur könnten einen Trost bieten. Der 92-jährige, der im Jahr zuvor seine Frau verloren hat, sieht den Tod als überlegen an. Alles Leben wird schließlich zerstört.

In dem Roman „Intent!" des ukrainischen Schriftstellers Ljubko Deresch (2008) erlebt der Ich-Erzähler Petro Pjatotschkin den Tod seiner Großmutter. Da sie Angst hat, bittet er sie, ihm in die Augen zu sehen. Als sie stirbt, nimmt er in ihren Augen einen Schatten, den Tod, wahr, der die Oma unter den Arm klemmt und sich entfernt, wobei er ihm noch einmal einen Blick über die Schulter zuwirft.

Petro glaubt, das wahre Geheimnis des Todes erkannt zu haben. Wie in einem Spiegelkabinett, in dem wir eine Realität zu sehen meinen, die es gar nicht gibt, spiegele uns der Tod das Leben vor. Am Ende aber würden die Spiegel entfernt, Was bleibe, sei das Einzige, das existiert: der Tod. Das Leben aber sei nur eine Illusion, mit der uns der Tod blendet.

1.2 Die Erfahrung des Todes zwischen Trauma und Sinn

Grundlage: Carl Friedrich von Weizsäcker: Der Tod

Alle Gestalten unseres Kosmos existieren in der Zeit. Sie müssen vergänglich sein, denn sonst ist Neues, eine Entwicklung, nicht möglich. Der Tod dient also dem Leben, er ist seine Bedingung. Theologisch gesprochen könnte man sagen: Gott ist ein Freund der Mannigfaltigkeit. Er gibt sich mit dem Erreichten nicht zufrieden, seine Liebe will sich immer noch mehr verströmen.

Mit der Evolution ist der Tod aber mit steigender Schärfe entstanden. Weizsäcker zählt Selbstvermehrung des Organischen, Nutzen von Selektionsvorteilen und Stoffwechsel als wichtige Stationen dieser Entwicklung auf. Zunächst „lernt" die biologische Art, sich möglichst effektiv zu erhalten, indem sich Eigenschaften und Verhaltensweisen durchsetzen, die diesem Erhalt dienen. Durch den Stoffwechsel wird es für die Spezies vorteilhaft, sich von anderen Organismen zu ernähren. Wenn aber z.B. ein Löwe eine Antilope verfolgt und diese zu fliehen versucht, wird das Element der Individualität deutlich. Der Antilope genügt es nicht, dass ihre Art weiterlebt, sie kämpft um ihr individuelles Wohlbefinden. Sie versucht, ihren Tod zu vermeiden, und erst dadurch wird er wirklich zum Tod.

Dieser Überlebenswille ist beim Tier triebgesteuert. Es reagiert im Augenblick der Gefahr instinktiv. Allein der Mensch weiß und reflektiert, dass er sterben muss, auch außerhalb der konkreten Gefahrensituation. Damit gewinnt der Tod aber noch einmal an Schärfe: Der Mensch lebt im Bewusstsein, dass seine Lebendigkeit im notwendigen Untergang enden wird.

Ich fühle mich an das Gedicht „Definition" von Erich Fried erinnert: „Ein Hund / der stirbt / und der weiß / dass er stirbt / wie ein Hund / und der sagen kann / dass er weiß / dass er stirbt / wie ein Hund / ist ein Mensch."

Da das Bewusstsein des Todes zum Menschsein gehört, plädiert Weitzsäcker dafür, den Sterbenden in der Regel nicht in Unkenntnis über seinen bevorstehenden Tod zu lassen. Die scheinbar mitleidige Geste, ihm etwas vorzugaukeln, um ihn zu beruhigen, hindere ihn daran, wichtige Dinge zu ordnen, sein Leben bewusst abzuschließen. Zudem spreche manches dafür, dass es eine unterbewusste Wahrnehmung des bevorstehenden eigenen Todes gebe. Natürlich ist es immer wichtig, im Einzelfall zu entscheiden und die Psyche des Kranken zu berücksichtigen, doch sollte man ihm in der Regel nicht zu wenig zutrauen.

In seinem Aufsatz „Den eigenen Tod annehmen" sieht Eberhard Schockenhoff den Sterbeprozess als eine letzte Reifekrise, in der sich der Sinn des eigenen Lebens ein letztes Mal bewähren müsse. Der Sterbende müsse lernen, auf alles zu verzichten, was zu seiner aktiven Lebensgestaltung gehörte, er muss sich gleichsam fallen lassen. Wer schon vorher gelernt hat, „sich nicht verkrampft für sich selbst zu behalten, sondern sich wegzugeben für andere", könne auch gelassen in den Tod gehen.

1.3 Der Tod als Lebenshilfe

Grundlage: Fernsehsendung: Sterben und Tod – das letzte Tabu?

Während das durchschnittliche Sterbealter im 17./18 Jahrhundert bei 30 Jahren lag, liegt heute der Durchschnitt bei 70-80 Jahren. Die Erfahrung des „sicheren Lebens" bleibt aber eine Illusion. Einerseits kommt der Tod, bei den meisten nur etwas später, andererseits bietet die Statistik keine Sicherheit für den Einzelnen. Viele Menschen neigen dazu, diese Erkenntnis zu verdrängen und sich als „unsterblich" zu fühlen. Die Praxis, den eigenen Körper nach dem Tode einfrieren zu lassen, um ihn später, nach einer Verbesserung der Medizin, wiederbeleben zu lassen, ist ein extremer Beleg für diese Tendenz. Alltäglicher ist der Versuch, Alterungsprozesse aufzuhalten. Wir wollen lange leben, aber nicht altern. Das Leben wird nur als attraktiv wahrgenommen, wenn es jung, gesund, schön und leistungsstark ist. Je verzweifelter aber ein älterer Mensch versucht, sich auf jung zu trimmen, um so deutlicher wird die unbewusste Todesangst, die er verdrängt.

Wer sich einbildet, unsterblich zu sein, gerät in die Gefahr, das wirkliche Leben zu versäumen. Leben bedeutet aber nicht Sicherheit, auch nicht Glück, sondern sich auf Erfahrungen einzulassen. Es bedeutet ständige Veränderung; Stillstand ist Tod. Die Fähigkeit, Altes und Bewährtes loslassen zu können, trägt zum Reifeprozess des Menschen bei. Sich berühren zu lassen – nicht nur durch Ersatzgestalten im Fernsehen – ist eine wichtige Voraussetzung von Entwicklung.

Ähnliche Gedanken entwickelt Hermann Hesse in seinem Gedicht „Stufen":

… Es muß das Herz bei jedem Lebensrufe
Bereit zum Abschied sein und Neubeginne,
Um sich in Tapferkeit und ohne Trauern
In andre, neue Bindungen zu geben.
Und jedem Anfang wohnt ein Zauber inne,
Der uns beschützt und der uns hilft, zu leben…

Kaum sind wir heimisch einem Lebenskreise
Und traulich eingewohnt, so droht Erschlaffen;
Nur wer bereit zu Aufbruch ist und Reise,
Mag lähmender Gewöhnung sich entraffen...

Hesse beendet sein Gedicht mit der Vermutung, dass auch das Sterben ein Übergang in eine neue Erfahrungsstufe sein könne. Auch die Indios aus dem Hochland von Peru sind der Überzeug, dass ein bewusst erlebter „Tod" einen Übergang zu einem neuen Lebensabschnitt darstellt.

Die Hopi-Indianer haben die Vorstellung, dass verstorbene Angehörige als Regen (also Fruchtbarkeit) weiter mit ihren Familien leben.

Der tibetische Buddhismus glaubt, dass wir im Sterbeprozess mit uns selber konfrontiert werden, dass uns eine Art Spiegel vorgehalten wird, vor dem wir erschrecken. Die Furcht vor dem Tod ist die Furcht zu erkennen, wer wir wirklich sind. Durch Meditation könne man aber die notwendige Haltung der Ruhe und Akzeptanz einüben, um diese Konfrontation zu bestehen. Wer jetzt schon sich selber und seine Vergänglichkeit erkennt, wird auch im Tod nicht davor erschrecken.

1.4 Todesnaherfahrungen: (Ein)blick ins Jenseits?

Grundlage: Radiosendung: Ich schwebte über dem Körper

Todesnaherfahrungen (auch: Sterbeerlebnisse) sind Erlebnisbilder, die klinisch Tote berichten, die wiederbelebt wurden.

Ihr häufigstes Element ist der Eindruck, sich von seinem Körper zu lösen und ihn (sowie das Geschehen um ihn herum) von oben zu betrachten. Erstaunlich sind dabei die detaillierten Schilderungen, die der Wiederbelebte später geben kann. Ein weiteres häufiges Element ist ein Lebensrückblick, der sich filmartig vor dem inneren

Auge in chronologisch umgekehrter Folge abspult, nur die wichtigsten Geschehnisse enthält und mit einer Wertung versieht.

Etwas seltener kommt das Erlebnis, durch einen dunklen Tunnel auf ein helles Licht zuzufliegen, das als bedingungslose Liebe wahrgenommen wird, und evtl. auch von früher verstorbenen Angehörigen empfangen zu werden.

In den meisten Fällen ist die Erfahrung mit starkem Wohlbefinden, dem Gefühl umfassenden Friedens, verbunden, was manchmal dazu führt, dass die Betroffenen am liebsten in diesem Zustand verblieben wären. Auf jeden Fall äußern sie später, keine Angst mehr vor dem Tod zu haben. Häufig ist das Erlebnis auch der Ansatzpunkt, neu zu überlegen, was im eigenen Leben wirklich wichtig ist.

Allerdings gibt es in ca. einem Drittel der berichteten Fälle auch negative Todesnaherfarungen. Die Betroffenen erleben Orientierungslosigkeit, Schmerzen, Angst, Kälte. Sie fliegen durch einen dunklen Tunnel, ohne Licht zu sehen. In ihrem Lebensfilm beurteilen sie ihr Leben vorwiegend negativ. Solche Erfahrungen machen Menschen, die auch in ihrem Leben isoliert, in sich selber begrenzt gewesen sind. Auffällig ist, dass Menschen, die einen Suizid versucht haben, ebenfalls zu dieser Gruppe gehören.

Für das Phänomen, das umfassend dokumentiert ist und an dem nicht gezweifelt werden kann, gibt es inzwischen verschiedene Erklärungsmuster. So vermutet man z.B. eine integrierte Schutzfunktion des menschlichen Körpers, um das Schmerzliche des Todes erträglich zu machen. Hirnforscher wie Gerhard Roth erklären die Erlebnisse als Folge des abrupt einsetzenden Sauerstoffmangels, der in den verschiedenen Hirnregionen zu Bewusstseinsveränderungen und Halluzinationen führen kann. Allerdings erklärt dieser Ansatz nicht die genauen Wahrnehmungen, über die die Betroffenen berichten konnten.

Zu berücksichtigen ist, dass einige Phänomene auch hervorgerufen werden können, ohne dass der Tod eintritt. So berichten Menschen, die einen gefährlichen Unfall erlitten haben, aber glimpflich davongekommen sind, dass sie im Augenblick des Schreckens einen Lebensfilm erlebt haben.

Sind Nahtoderfahrungen das Erlebnis des Himmels (oder der Hölle)? Zunächst einmal nicht. Wer wiederbelebt werden konnte, befand sich im Sterbeprozess, er war aber nicht tot. Ob auf den, der die endgültige Grenze überschreitet, noch etwas wartet, kann man an diesen Erlebnissen nicht ablesen. Man darf nicht übersehen, dass z.B. der Lebensfilm die Bewertung meines Lebens aus meinem Unterbewusstsein heraus darstellt, es ist nicht das Gericht Gottes. Häufig gehen wir in unserem Inneren viel strenger und verurteilender mit uns selber um, als es in der Außenposition geschieht. Gottes Barmherzigkeit, die nicht bestraft, sondern verwandelt, hat aber ganz andere Kriterien.

Die außerkörperliche Erfahrung „beim Wort zu nehmen", setzt eine Anthropologie voraus, die das Bewusstsein unabhängig vom Körper sieht. Diese Vorstellung hat zwar in der abendländischen Philosophie eine lange Tradition, widerspricht aber dem biblischen Menschenbild (vgl. 3.6).

Bilder, die uns das Verständnis erleichtern sollen, geraten sehr schnell in den Bereich der Esoterik, z.B. wenn die Ärztin Elisabeth Kübler-Ross den Tod mit dem Schlüpfen des Schmetterlings aus seinem Kokon vergleicht. Der Schriftsteller Arthur Koestler verglich das Sterben mit einem in das Meer mündenden Fluss. Schon Kilometer vor der Mündung ragt das salzige Meerwasser in den Fluss hinein. Und der Schlamm des Flusses wird im Meer abgelagert und gereinigt. Das Wasser des Flusses verschwindet nicht, sondern geht – wieder sauber – in einer größeren Wirklichkeit auf.

So schön solche Bilder sind – realistischer ist, Todesnaherfahrungen und himmlische Seligkeit als zwei unterschiedliche Phänomene zu betrachten. Ob allerdings in unsere Natur eine Art Trailer eingebaut ist, um uns auf das Kommende vorzubereiten, ist nicht ganz unmöglich.

Im oberen Feld der Bildtafel „Aufstieg der Seligen" (ca. 1505-1515) von Hieronymus Bosch sieht man Engel, die mit den nackten Erlösten nach oben aus der Dunkelheit durch einen immer heller werden Strudel (oder Tunnel) ins gleißende Licht fliegen. Die

Ähnlichkeit dieser Abbildung mit den Todesnaherfahrungen fällt auf. Könnte es sein, dass auch in früheren Zeiten spontan aus dem klinischen Tod Erwachte (was in einzelnen Fällen ja durchaus möglich ist) Ausgangspunkt für religiöse Bilder und mystische Erfahrungen gewesen sind? Aber auch das müsste nicht dagegen sprechen, dass hinter diesen Erfahrungen eine künftige Realität steht.

1.5 Reinkarnation I: Im Kreislauf gefangen

Grundlage: George Chemparathy: Der Mensch im Wesenskreislauf

Mandala des Pattica-Sammupada

Renold J. Blank: Auferstehung oder Reinkarnation?

R.A. Mall: Wiedergeburt und Auferstehung

Die östlichen Religionen Buddhismus und Hinduismus sind überzeugt davon, dass Leben in erster Linie Leiden ist. Nicht nur müssen die meisten Menschen Not, Krankheit, Misserfolg usw. erleiden, auch Glück, Gesundheit und Erfolg erweisen sich als vorläufig. Dies alles wieder zu verlieren oder das auch nur zu befürchten, ist ebenfalls ein großes Leid.

Gleichzeitig ist dieses Leid nicht (oder nur sehr schwer) zu verhindern, denn auch der Tod durchbricht es nicht. Der Kreislauf der Wiedergeburten (Samsara) sorgt dafür, dass sich auch das Leid wieder verkörpert. Diese Dynamik wird aber von den Menschen selber immer wieder in Gang erhalten, sie ergibt sich nach dem Gesetz von Ursache und Wirkung aus ihrem Handeln und den damit verbundenen Leidenschaften (Karma).

Ich erkläre mir den Zusammenhang mit folgendem Vergleich: In einem Schaufenster sehe ich einen Gegenstand, der mir sehr gefällt und den ich unbedingt haben möchte. Da er aber sehr teuer ist, muss ich erst einmal sparen, und, je länger ich auf den Kauf warten muss, um so mehr treibt es mich innerlich, diesen Gegenstand zu besitzen. In dem Moment, wo ich ihn bei mir zu Hause habe, setzt ein Gewöhnungsprozess ein und der Gegenstand verliert für mich an Wert. Meine Besitzgier heftet sich jetzt plötzlich an ein neues Objekt, und so geht es weiter. Das bedeutet für mich, dass die Gier unabhängig von einem konkreten Wunsch ist, sie nimmt mit seiner Erfüllung nicht ab, sondern heftet sich nur an ein neues Objekt, u.U. vergrößert sie sich dabei noch. Der Buddhismus sagt nun, dass diese „Gierenergie" nicht an eine bestimmte Person gebunden bleibt und nach deren Tod verschwindet, sondern in der Welt bleibt und an einen neuen Menschen weitergegeben wird.

Dabei spielt der Unterschied zwischen einer guten und einer schlechten Handlung nur eine relative Rolle, denn auch die gute Tat kann mit der Begierde verbunden sein, von den Menschen gelobt zu werden und einen guten Ruf zu besitzen.

Das Mandala des Patticca-Sammupada ist ein Meditationsbild. Seine runde Form veranschaulicht den Mechanismus der Reinkarnation. Da der Kreis keinen Anfang und kein Ende kennt, ist der Mensch in der Regel in ihm gefangen. Allerdings ist rechts oben, außerhalb des Kreises, ein Erlöster zu sehen. Er hat sich so intensiv in die Mechanik des Leidens versenkt, dass er sich von seinen Unheil bringenden Leidenschaften distanzieren konnte. Der Kreis wird von einem furchteinflößenden „Dämon" gehalten. Man sieht seine klauenartigen Hände und seine Füße sowie sein drohendes Gesicht. Mit seinen spitzen Zähnen beißt er in das „Rad" der Wiedergeburt. Auf seiner Stirn erkennt man aber ein drittes Auge, das Auge der Weisheit. Der „Dämon" ist also tatsächlich ein Weisheitswesen, das dem Menschen den Spiegel vorhält und ihm damit zeigt, wie sein Leben aussieht. Vor diesem Anblick kann der Mensch erschrecken (vgl. unter 1.4), er kann aber auch die Erkenntnis gewinnen, die ihm hilft, sich aus diesem Kreislauf zu befreien.

Im Zentrum des Kreises, sozusagen dessen Antrieb, sind Hahn, Schlange und Schwein zu sehen, die sich jeweils so ineinander verbissen haben, dass auch hier ein Kreis entsteht. Sie stehen für Gier, Hass und Unwissen (Verblendung), die verhindern, dass man sich aus dem Rad des Lebens lösen kann. Hass ist die negative Seite der Begierde, denn er richtet sich gegen alles, was die Erfüllung meiner Wünsche behindert. Unwissen meint nicht fehlende Schulbildung, sondern die fehlende Erkenntnis, dass Gier und Hass die Kräfte sind, die den Menschen an seiner Erlösung hindern, dass er sich also immer wieder selbst ins Elend stürzt. Das nächste Kreissegment zeigt den Auf- und Abstieg im Verlaufe der Wiedergeburten und erinnert somit etwas an das mittelalterliche Glücksrad. Nichts ist in dieser Welt beständig und auch größte Macht und größter Luxus halten den Menschen in diesem Kreislauf gefangen.

Das dann folgende breite Segment zeigt sechs Lebensbereiche. Bekannt sind uns die Bereiche des Menschen und der Tiere. Ob es die anderen vier Lebenswelten gibt oder ob sie rein symbolisch zu verstehen sind, ist in der buddhistischen Theologie umstritten. Oben ist der Bereich der „Götter" zu sehen. Sie leben lange und im Luxus, sind aber sterblich. Da „Kriegerdämonen" ihnen ihren Luxus neiden, liegen diese beiden Gruppen in einem ständigen Kampf miteinander. Insofern kann man weder als Kriegerdämon noch als Gott die Erlösung erlangen. Nur der Mensch ist grundsätzlich in der Lage, sich von seinen Leidenschaften zu distanzieren und sich selber zu befreien. Unten sind zwei „Höllenbereiche" zu erkennen. Der eine ähnelt den uns bekannten Vorstellungen, wo Wesen mit Feuer oder Kälte gefoltert werden, in dem anderen Bereich sitzen „Hungergeister", Wesen mit einem so engen Schlund, das sie gehindert werden, etwas zu sich zu nehmen und zu genießen. Diese beiden Bereiche versinnbildlichen die Strafen für Hass und Gier.

In dem äußersten Segment des Rades findet man eine symbolische Darstellung der Antriebskräfte, die immer wieder die menschlichen Leiden erneuern. Relativ konkret sind die Eckpunkte: Tod und Geburt. Sexuelle Leidenschaft hält immer wieder den Gang des Lebens aufrecht. Schwieriger zu interpretieren sind die restlichen Bildfelder (die auch variieren können), die die Wirkung von Unwissen, Gier und Hass verdeutlichen, z.B. wenn ein Blinder einen Blinden führt oder wenn ein Affe von einem Baum eine verlockende Frucht pflückt. Wer schon einmal gute Vorsätze (z.B. zu Silvester) gefasst hat, wird häufig festgestellt haben, dass wenig Verhaltensänderung daraus entstanden ist. Eine Notwendigkeit einzusehen, reicht nicht, weil das Entscheidungszentrum des Menschen nicht sein Verstand, sondern seine Emotionalität (das Limbische System) ist. Hier liegt die Rolle der Meditation im Buddhismus. Das Richtige muss nicht nur eingesehen, es muss verleiblicht werden, es muss selbstverständlich in das Handeln der Person übergehen.

Lässt sich die Reinkarnation mit der christlichen Auferstehungshoffnung in Einklang bringen? Renold J. Blank hält das nicht für möglich. Die Lehre vom Karma kenne nur das blinde Ursache-Wirkungsprinzip, also ein Prinzip der Vergeltung. Gott aber vervollständige in seiner Liebe die Fragmente des menschlichen Lebens zu etwas Ganzem, Heilem. Für ihn stehe das Verzeihen im Vordergrund. Außerdem relativiere die Lehre von der Wiedergeburt das Gewicht und den Wert des einmal gelebten Lebens.

Der aus Indien stammende Philosoph Mall sieht in Auferstehung und Wiedergeburt lediglich zwei unterschiedliche Erklärungsmuster für das Schicksal des Menschen nach dem Tod, die beide gleichwertig seien, weil keines allein wahr sein könne. Beider Ziel sei die Erlösung. Die östlichen Religionen sähen die Notwendigkeit, dass der Mensch sich zuvor moralisch und spirituell vervollkommne. Dazu sei aber mehr als ein Leben notwendig.

1.6 Reinkarnation II: Immer wieder eine neue Chance

Grundlage: Stephan Ernst: Hoffnung auf ein neues Leben

David S. Toolan: Reinkarnation und moderne Gnosis

In den östlichen Reinkarnationsvorstellungen wird das Leben negativ bewertet; es gilt, eine Wiedergeburt zu vermeiden. Westliche Vorstellungen (z.B. in der Theosophie oder der Anthroposophie) sind geprägt von Fortschrittsglauben und Individualismus, dem Wunsch nach einer Selbstverwirklichung des Einzelnen. Durch immer neue Lebensversuche arbeitet der Mensch an seiner Vervollkommnung, probiert immer neue Lebensmöglichkeiten aus mit dem Ziel, den göttlichen Funken in sich selber zu aktivieren.

Auch wenn einem Menschen Lebensmöglichkeiten versagt blieben, hat er so die Möglichkeit, Versäumtes nachzuholen. So stellt sich der Reinkarnationsglaube in dieser Form als eine mögliche Antwort auf die Theodizee-Frage dar. Sind die Lebenschancen von Menschen in diesem Leben ungleich verteilt, so gleicht sich dieser Unterschied über mehrere Leben hinweg aus. Zugleich antwortet dieser Glaube auf die alltägliche Mittelmäßigkeit der meisten Menschen. Während Christen an eine Vervollkommnung durch Gottes Güte im Jenseits glauben (Fegefeuer, vgl. 3.3), bedeutet die Vorstellung der Wiedergeburt eine Vervollkommnung des Menschen im Verlaufe mehrerer Leben. Denn eine „Heiligung" des Menschen ist in der Regel innerhalb eines Lebens nicht möglich.

2 Erlöst durch Jesus Christus

2.1 Musste Jesus sterben?

Grundlage: Meinrad Limbeck: Wie aber paßt das Kreuz zu Jesu Gott?

Im Mittelalter hat der Theologe Anselm von Canterbury eine Theorie formuliert, die sogenannte Satisfaktionslehre, die bis heute in den Köpfen vieler Christen eine Rolle spielt. Nach dieser Vorstellung war Gott durch die Sünden aller Menschen so beleidigt, dass niemand in der Lage gewesen wäre, diese Beleidigung zu sühnen und Gott zu versöhnen. Deshalb musste sich Gottes Sohn opfern, weil nur sein unschuldiges Leiden groß genug war, um Gottes Zorn zu besänftigen. Diese Lehre widerspricht aber Jesu Botschaft von der zuvorkommenden Liebe und Barmherzigkeit Gottes, als deren Zeuge er selber aufgetreten ist (vgl. erstes Halbjahr). Macht also Jesu grausamer Tod am Kreuz nicht seine eigene Lehre ungültig, weil sich Gott doch als grausam und rachsüchtig (im besten Falle als bis ins Letzte aufrechnend) erweist?

Weil Jesus von Gottes Liebe überzeugt und von ihr ergriffen war, forderte er die Menschen auf, sich ebenfalls auf diese Liebe einzulassen, nicht halbherzig, sondern mit ganzem Herzen. Nichts sollte den Menschen wichtiger sein, als mit ihrer ganzen Person auf Gottes Angebot zu antworten. Diese in einer geschichtlichen Situation gepredigte Botschaft traf aber auf konkrete, unvollkommene Menschen, die teilweise nicht über ihren Schatten springen konnten und sich vor diesem Anspruch fürchteten. Gerade das schlechte Gewissen, dass man eigentlich konsequenter lieben müsste, kann zu Hass führen.

Hinzu kam, dass sich Jesus bei der Priesterschaft in Jerusalem unbeliebt gemacht hat, da seine Lehre den Tempelkult im Grunde unnötig machte und damit Einfluss und Einnahmen der Priester gefährdete. Außerdem wollten die Römer alle Gefährdungen ihrer Macht in Palästina im Keim ersticken. Jesus ist nicht gestorben, weil Gott das wollte, sondern weil er auf den Widerstand der Mächtigen traf.

Wie jeder Mensch ist Jesus also nicht auf die Welt gekommen, um zu sterben, sondern um zu leben. Seine Sendung war nicht, sich zu opfern, sondern die Menschen im Dienste des Reiches Gottes zu sammeln. Allerdings wurde zunehmend deutlich, dass seine Mission ihm Leib und Leben kosten würde. Er hätte sich noch feige davonschleichen können, aber dann hätte er den Ernst seiner Botschaft in Frage gestellt. Gerade weil er von Gottes Liebe überzeugt war, musste er seinen Weg konsequent weitergehen. Wenn er beim letzten Abendmahl Brot und Wein mit sich selber identifizierte und an seine Jünger austeilte, ohne selber davon zu genießen (was für den Hausherrn in einem jüdischen Mahl üblich gewesen wäre), wird deutlich, dass er bereit war, sich ganz und ohne Vorbehalt wegzugeben und sich ohne doppelten Boden auf Gottes Führung zu verlassen. Auch in seinem Tod hat er die Beziehung zu Gott und zu den Menschen festgehalten und damit Gott und Mensch für immer miteinander verbunden.

2.2 Das Kreuz: Ein Hinrichtungsinstrument als religiöses Symbol?

Grundlage: Aidan Chambers: Notizen zur Kreuzigung

Matthias Grünewald: Isenheimer Altar

Im Roman „Die unglaubliche Geschichte des Nik Frome" von Aidan Chambers erhält der jugendliche Protagonist von seinem Geschichtslehrer den Auftrag, ein Referat über die Kreuzigung zu halten. Er hat zunächst ein distanziertes, eher ablehnendes Verhältnis zum christlichen Glauben, was man an einigen Nebenbemerkungen des Textes erkennen kann, vor allem an seiner Kritik, dass manche Christen – oft ohne es sich bewusst zu machen – ein brutales Folter- und Hinrichtungsinstrument um ihren Hals tragen. Dennoch sind Niks Notizen eine gute und weitgehend objektive Information über die historischen Bedingungen der Kreuzigung.

Die Kreuzigung war eine besonders grausame und entehrende Hinrichtungsart. Einerseits wurde die Prozedur über viele Stunden, manchmal über Tage, in die Länge gezogen, bis der Tod eintrat. Andererseits hing der Verurteilte nackt (d.h. ohne Lendenschurz) hilflos am Kreuz, dem Spott der Leute und den Launen der Natur preisgegeben. Nur Sklaven und Fremde erlitten diese Schmach, Verbrecher, die römische Bürger waren, wurden lediglich mit dem Schwert (also schnell) hingerichtet.

Der Verurteilte trug den Querbalken (ca. 35-56 kg) zur Richtstätte, bei Jesus waren das ungefähr 750m durch die engen Straßen von Jerusalem, und wurde auf dem Wege geschlagen. Am Ziel wurden die Hände mit Nägeln durch die Handgelenke (nicht die Handflächen) am Querholz befestigt und der Balken oben am dort stehenden Kreuzesstamm befestigt (wie ein T). Die Füße wurden hochgebogen und dann übereinander an den Stamm genagelt. Es gab kaum Blutverlust, aber der Verurteilte litt starke Schmerzen.

Das Körpergewicht führte im Laufe der Zeit dazu, dass sich der Oberkörper durchbog und der Gekreuzigte unter Atemnot litt. Wegen des Sauerstoffmangels verkrampften sich die Muskeln schmerzhaft. Um sich Erleichterung zu verschaffen, richtete sich der Verurteilte mit Hilfe seiner Beine auf, was ihm unerträgliche Schmerzen in den genagelten Füßen verursachte. So kämpfte er zwischen Atemnot und Schmerzen über Stunden einen verzweifelten Kampf, bis er keine Kraft mehr hatte und erstickte oder schon zuvor auf Grund von Wassermangel der Kreislauf versagte.

Die Kreuzigung Jesu gilt allgemein als eines der wenigen historisch gesicherten Ereignisse im Leben Jesu, da die Christen sich wohl kaum eine so unehrenhafte Hinrichtung ihres Stifters ausgedacht hätten. Aus demselben Grund wurde in den ersten Jahrhunderten das Kreuz in der christlichen Kunst nicht dargestellt.

Der Isenheimer Altar wurde zwischen 1506 und 1515 von Mathis Gothard Nithart (Matthias Grünewald) für die Kapelle (einen kleinen Kirchenraum) eines Hospitals gemalt. Es ist ein Klappaltar, der je nach liturgischem Anlass drei unterschiedliche Schauseiten zeigen konnte. Hier wird nur die Seite mit der Kreuzigung besprochen. Ein Altar mit drei Bildern, dem großen Hauptbild in der Mitte und zwei Nebenbildern auf den klappbaren Seiten, nennt man ein Triptychon. Unterhalb des zentralen Bildes ist die Predella. Sie zeigt die Beweinung und Beerdigung Jesu und passt damit inhaltlich zum zentralen Motiv der Kreuzigung. An den Seiten werden der Heilige Sebastian (links) und der Heilige Antonius (rechts) dargestellt. Der in der Kunst beliebte Heilige Sebastian war ein römischer Offizier, der sich – zum Christentum bekehrt – weigerte, Menschen zu töten. Zur Strafe wurde er von Pfeilen durchbohrt, was er aber zunächst überlebte. Der Heilige Antonius war der Patron des Hospitals (der Antoniter), in dem vor allem unter dem sogenannten Antoniusfeuer Erkrankte eingeliefert wurden. Es handelte sich um einen heftig brennenden Schmerz, der durch einen Pilz im Roggenkorn verursacht wurde. Von Antonius, aber auch von Sebastian, der den Schmerz der Pfeile überlebt hat, erhofften sich die Kranken Linderung und Heilung.

Vor allem aber sollen sich die Kranken am Bild des Gekreuzigten aufrichten, den sie als Bruder im Leiden erleben und der sie durch das Leiden hindurch in die Herrlichkeit führen soll. So ist die Kreuzigung das zentrale Meditationsbild in der Hospitalskapelle. Im frühen und hohen Mittelalter wurde Christus als der am Kreuz Erhöhte dargestellt, nicht als Leidender. Seine Herrlichkeit sollte auch am Kreuz schon sichtbar sein. Der Christus des Isenheimer Altars aber ist am ganzen Körper mit Wunden übersät, seine Hände sind verkrampft, der Körper hängt kraftlos, das von der Dornenkrone verletzte Haupt leblos vornüber. Die Figurengruppe rechts vom Kreuz verharrt in verzweifelter Trauer: Der Apostel Johannes tröstet Jesu Mutter Maria; Maria von Magdala, die hier mit der Frau identifiziert wird, die Jesus als Zeichen der Liebe gesalbt hat, ringt verzweifelt bittend die Hände. Die Dunkelheit (Sonnenfinsternis) und die Schroffheit der Umgebung unterstreichen die Stimmung der Beteiligten. Auf der anderen Seite weist der Finger Johannes des Täufers auf das entscheidende Geschehen hin. Mit den Worten „Er muss wachsen, ich aber muss kleiner werden" weist er von sich weg auf den Gekreuzigten. Das blutende Lamm zu seinen Füßen ist ein Symbol für Christus in seiner Hingabe. Wie das Blut in den Kelch fließt, können die Kranken in dieser Kapelle durch die Eucharistie Anteil am Erlösungswerk Christi erhalten. Gerade also, weil Christus als Leidender dargestellt wird, können sich die Menschen mit ihm identifizieren.

In einer anderen Ansicht des Altars kann man dann den Auferstandenen als Lichterscheinung sehen. Zwar sind die fünf Wundmale zu erkennen, zum Zeichen, dass der Gekreuzigte und der Auferstandene identisch sind, doch der Körper ist jetzt rein und makellos.

2.3 Liebe und Leid gehören zusammen

Grundlage: Sebastian Painadath: Aus dem Widerspruch

Sebastian Painadath, ein indischer Jesuit, kritisiert aus der Sicht der christlichen Mystik das Gottesbild der meisten Menschen. Sie stellten sich Gott als allmächtig, souverän, absolut vor, als einen Gott, der gleichsam als Zauberer die Welt verändern und verbessern könne. Die Mystik kenne aber einen „entmächtigten Gott", einen Gott, der vom menschlichen Leiden berührt werde, weil er von menschlicher Freiheit betroffen sei. Dienend wasche er den Menschen die Füße und sei am Kreuz selbst Opfer des Leidens. Die Begegnung mit dem leidenden Gott sei „die Kraftquelle der christlichen Lebensgestaltung".

Gott ist nach christlicher Überzeugung die Liebe. Wer jemanden liebt, macht sich verwundbar, kann von der geliebten Person bis ins Innerste getroffen und verwundet werden. Gott steht also nicht souverän über dem Geschick der Menschen, er leidet mit ihnen.

Lieben bedeutet auch, den anderen in seiner Freiheit zu akzeptieren, ihm den eigenen Willen nicht aufzuzwingen, auch dann nicht, wenn man weiß, dass der andere den falschen Weg geht (vgl. das Gleichnis vom barmherzigen Vater, Lk 15).

So wie Gott sich vom Schicksal des Menschen betreffen lässt, so ist die Fähigkeit mitzuleiden eine Grundeigenschaft gläubiger Christen.

Dabei kann es aber nicht bleiben. „Geteiltes Leid ist halbes Leid", sagt das Sprichwort, es kann aber oft auch doppeltes Leid sein. Dass Gott am Kreuz als der Mitleidende erfahren wird, reicht alleine nicht, um Menschen Hoffnung zu schenken, er muss auch in der Auferstehung als derjenige erfahren werden, der in der Lage ist, Leid zu verwandeln. „Auferstehung ist die Offenbarung der neugestaltenden Kraft der Liebe Gottes." Die Aufgabe des Christen besteht darin, diesem schöpferischen Werden Gottes in sich Raum zu geben.

2.4 Dem Auferstandenen begegnen

Grundlage: Lk 24,13-35

Janet Brooks Gerloff: Unterwegs nach Emmaus

Walter Kasper: Die Auferstehung Jesu und der Christusglaube

Eine Reihe von Bibelstellen verdeutlicht, dass die Menschen, die Jesus begegneten, und auch seine Jünger politische Erwartungen in ihn gesetzt haben, vor allem der Befreiung von der Herrschaft der Römer (z.B. Apg 1,6). Um so enttäuschter haben sie auf seinen Kreuzestod reagiert.

Resigniert und traurig machen sich zwei Jünger auf den Weg, vermutlich in ihren Heimatort, elf Kilometer von Jerusalem entfernt. Sie haben einen guten Freund und Lehrer verloren, ebenso ihre Hoffnungen, die sie in ihn gesetzt haben, und sie erkennen, dass sie ihm nutzlos nachgelaufen sind. Sie haben sozusagen auf das falsche Pferd gesetzt. Dennoch können sie nicht anders, sie müssen über das reden, was sie erlebt haben, auch als ein Fremder sie begleitet, der scheinbar nichts von der Katastrophe mitbekommen hat.

Dieser Fremde verhilft ihnen nun zu der Distanz, die ihnen noch fehlt. Er vergleicht die offenbarenden Verheißungen der Schrift (also des AT), die Predigt Jesu und das Geschehen des Kreuzes miteinander. Er lässt die zwei Männer Zusammenhänge entdecken und Sinn erkennen. Es wird ihnen deutlich, dass sie alles schon in sich haben, um nicht in ihrer Lethargie zu verharren.

Dass der Tod nicht das Ende, sondern erst der Anfang ist, wird ihnen endgültig bewusst, als der „Fremde" das Brot bricht. Es ist nicht die Geste, die sie wiedererkennen, sondern es sind die begleitenden Worte, die Jesus beim Abendmahl gesprochen hat und mit denen er im Voraus seinen Tod gedeutet hat. In ihnen erkennen sie den Herrn wieder, und weil er nun nicht mehr nötig ist, entschwindet er ihren Augen. Ihre Müdigkeit und Resignation sind wie weggeblasen und sie eilen mitten in der Nacht die elf Kilometer wieder nach Jerusalem zurück, um von ihrer Begegnung zu erzählen.

War der Mann, der den Jüngern begegnet ist, wirklich Jesus? Und warum haben sie ihn dann nicht erkannt? War da überhaupt ein Mann, oder lief alles in ihrem Inneren ab? Was Lk 24 berichtet, lässt sich historisch nicht fassen, es scheint einer anderen Kategorie anzugehören.

Ähnlich sieht es Janet Brooks Gerloff in ihrem Bild aus dem Jahre 1992. Zwei Männer (oder sind es drei?) wandern durch eine braune, staubige Landschaft. Als Betrachter sehen wir ihren Rücken (was in Bildern sehr ungewöhnlich ist), sie fliehen in die Weite. Die dunkle Kleidung der beiden unterstreicht die etwas unheimliche, depressive Stimmung. Es ist also eher der Anfang des Emmaus-Textes dargestellt. Die dritte Person ist nur in Umrissen zu sehen. Sie ist durchsichtig. Sie ist da und doch nicht da. Auch sie flieht mit den beiden anderen, und dennoch scheint etwas verändert zu sein. Aber wir wissen ja, wie die Geschichte weitergeht.

Wenn Lukas seiner griechischen Gemeinde dieses Ereignis erzählt, dann geht es aber wohl nicht in erster Linie um das historische Geschehen und die beide konkreten Zeugen (auch wenn er den einen beim Namen nennt). Eher möchte er verdeutlichen, dass jeder in dieser Form dem lebendigen Christus begegnen kann, auch wenn er ihn nie persönlich gekannt hat. Es fällt auf, dass der Ablauf des Geschehens die Struktur der Eucharistiefeier hat. (Auch wenn man damals in Griechenland nur Vorformen der heutigen Feier hatte, wird die Grundstruktur zu erkennen sein.) Zwei Anhänger Jesu begeben sich aus ihrem Alltag heraus an einen speziellen Ort;

gemeinsam wollen sie über das Jesus-Geschehen nachdenken. Wo mindestens zwei Personen in seinem Namen versammelt sind, da sei er mitten unter ihnen, hat Jesus zugesagt (Mt 18,20). (**Eröffnung**) Dann wird das Wort Gottes verkündet und ausgelegt. Im Wort der Schrift ist Christus gegenwärtig, denn „das Wort ist Fleisch geworden" (Joh 1,14), also ist das Fleisch auch Wort. (**Wortgottesdienst**) Im Brechen des Brotes lässt Jesus sich von den Jüngern erkennen. Wer heute das eucharistische Mahl hält, kommuniziert mit dem auferstandenen Herrn, der in der Gestalt des Brotes (und des Weins) seine Hingabe vergegenwärtigt. (**Eucharistischer Mahlgottesdienst**) Schließlich kehren die Jünger wieder in ihren Alltag zurück und legen Zeugnis ab von dem, was ihnen widerfahren ist. Jetzt tragen sie Christus mit sich. (**Schlussteil mit Segen und Sendung**) Wer also mit anderen Christen die Eucharistie feiert, erlebt eine Begegnung mit dem Auferstandenen, wie die Emmaus-Jünger sie erlebt haben.

Was bedeutet nun Auferstehung für Christen und was ist das – Auferstehung?

Jesus erscheint am Kreuz zunächst als Gescheiterter und von Gott Verfluchter. Die Auferstehung macht deutlich, dass er von Gott beglaubigt ist, was eine wichtige Voraussetzung für den Glauben ist. Die Verkündigung des NT bindet aber auch die Auferstehung der Menschen an die Auferstehung Christi. Weil Christus auferstanden ist, wissen wir, dass Gott Tote auferweckt, und dürfen also auf unsere eigene Auferweckung hoffen. (1 Kor 15)

Die ntl. Forschung sagt, dass die Erscheinungsgeschichten des Auferstandenen die primären Dokumente der Auferstehung sind, die Geschichten vom leeren Grab seien dann erst nachträglich dazugekommen. In der Tat bedeutet ein leeres Grab noch gar nichts; es könnte sehr unterschiedlich erklärt werden und führt auch in den Evangelien zunächst nicht zum Glauben.

Die Erscheinungsgeschichten sind aber durchaus sehr merkwürdig und schwer zu fassen. Häufig wird Jesus von seinen Freunden zunächst gar nicht erkannt und erst durch seine Handlungen identifiziert. Außerdem kann er in einigen Texten durch geschlossene Türen gehen oder an zwei Orten gleichzeitig auftreten, in anderen Texten isst er mit seinen Jüngern oder lässt sich von Thomas seine Wundmale befühlen. Ein Widerspruch: Ist der Auferstandene nun materiell oder geistig anwesend? Schon dieser Widerspruch macht deutlich, dass die Jünger eine Erfahrung machen, die in Worten kaum auszudrücken ist, weil die Sprache keine Begriffe dafür hat, und die natürlich nicht fotografiert werden könnte. Es muss eine intensive Erfahrung der Lebendigkeit und Gewissheit in personaler Begegnung mit dem Auferstandenen gewesen sein, die die Jünger dazu bewogen hat, ihre Verzweiflung, aber auch ihren normalen Alltag aufzugeben und die Botschaft zu verkünden, auch auf die Gefährdung ihres eigenen Lebens hin. Dabei spielt die Gewissheit eine wichtige Rolle, dass der Auferstandene und der irdische Jesus (einschließlich des Kreuzes) identisch sind, deshalb auch die Geschichte mit den Wundmalen.

Indem die christliche Gemeinde sich an Jesus erinnert, also z.B. Eucharistie (Abendmahl) feiert, wird diese Auferstehungserfahrung wieder aktiv. "Auferstehen" oder "auferwecken" sind Metaphern aus dem alltäglichen Leben, der Beendigung des Schlafs, die nur andeuten können, was wirklich geschehen ist. (Tatsächlich verzichten die Evangelisten auf eine genaue Schilderung dieses Vorgangs, weil er völlig unverstehbar bleibt.) Wichtig ist, dass Jesus nicht einfach sein normales Leben weitergeführt hat, wie das heute beispielsweise bei einem wiederbelebten klinisch Toten der Fall ist. Jesus ist in eine neue Wirklichkeit aufgenommen worden, die nicht mehr irdisch ist. Dass er trotzdem auch irdisch weiterwirkt, wird von den Christen "Heiliger Geist" genannt. So bleibt er in unserem Leben und unserem Handeln präsent. Was die Jünger erlebt haben, ist in den Worten von Kasper "ein gläubiges Sehen ...ein unmittelbares Angegangensein durch Jesus Christus, durch welches sich der auferweckte Herr im Glauben der Jünger endgültig Geltung verschaffte".

2.5 Der Auferstandene im Zentrum christlichen Lebens

Grundlage: unterschiedliche Medien

Der Philipper-Hymnus (Phil 2,6-11) sieht in Jesu Hingabe den Grund für seine Verherrlichung. Weil er sich selbst erniedrigt hat (erst indem er Mensch wurde, dann am Kreuz), "wird er über alle erhöht". Jesus behält nichts für sich selber zurück, sondern gibt sich ganz. Diese Selbsthingabe identifiziert er im letzten Abendmahl mit Brot und Wein (vgl. 2.1). Indem Christen heute Eucharistie bzw. Abendmahl feiern, haben sie Teil an diesem Geschehen, d.h Jesus gibt sich auch ihnen ganz. Was das bedeutet, sollen sie in ihrem alltäglichen Leben umsetzen (vgl. Phil 2,5). Insofern ist Auferstehung nicht nur ein zukünftiges Geschehen (nach dem Tode), sondern soll schon in die Gegenwart hineinreichen. Nietzsche mahnte kritisch an, die Christen müssten erlöster aussehen, damit man ihrer Botschaft auch glauben könne. Ein Kirchenlied beginnt mit den Worten: "Manchmal feiern wir mitten am Tag ein Fest der Auferstehung." Es bleibt eine Aufgabe, sich diese Auferstehungserfahrung immer wieder bewusst zu machen. Zentrales Zeichen dafür ist neben der Eucharistie das Sakrament der Taufe. In den Zeiten der frühen Christenheit gab es in den Kirchen ein größeres Wasserbecken, in dem der Täufling (in der Regel ein Erwachsener) ganz untergetaucht und dann wieder hervorgeholt wurde. Diese

Handlung stand dafür, dass der alte Mensch stirbt und der Getaufte ein neuer Mensch wird (nach Röm 6). Die Taufe vollzieht also Tod und Auferstehung Jesu symbolisch nach und nimmt den neuen Christen in dieses Geschehen hinein.

2.6 Erlöst: Wovon und Wie?

Grundlage: Heilsbronner Münster: Rechtfertigungsbild

Peter Knauer: Was heißt „Erlösung"?

"Christus hat uns durch seinen Tod am Kreuz erlöst." Das ist der Glaubenssatz der Kirche, also die dogmatische Aussage. Vielfach wird dieser Satz nur nachgesprochen, aber nicht erklärt, weil kaum jemand weiß, was mit dieser Erlösung gemeint ist. Sichtbar ist sie jedenfalls kaum. (vgl. 2.5) Vor allem leistet die Formulierung aber zwei Missverständnissen Vorschub: Das erste Missverständnis besteht darin, dass diese Form der Erlösung einem göttlichen Plan entsprach. Christus ist Mensch geworden, um am Kreuz zu sterben und die Menschen damit zu erlösen. In 2.1 und schon im ersten Halbjahr ist deutlich geworden, dass Jesus einen verzeihungs-bereiten Gott predigte, der von sich aus die Vergebung anbietet und "nur" erwartet, dass sich die Menschen ganz darauf einlassen, weil sie sich ihrer eigenen Unvollkommenheit bewusst sind. Das Leben und die Botschaft Jesu liefen nicht automatisch auf das Kreuz hinaus. Jesus wollte die Menschen überzeugen und nicht sterben.

Dass sein Wirken auf das Kreuz hinauslief, lässt sich nachträglich sehr folgerichtig aus den politischen Verhältnissen heraus erklären, war aber nicht seine Intention. Das zweite Missverständnis liegt in der sogenannten Satisfaktionslehre. Gott ist durch die Sünden der Menschen so beleidigt, dass es keine geeignete Sühne dafür gibt, es sei denn, Gottes - selber sündenloser - Sohn sühnt stellvertretend für die Menschen. Diese Vorstellung setzt einen strengen, rachsüchtigen, unnachgiebigen Gott voraus, was dem von Jesus gepredigten Gottesbild widerspricht. Beide von mir dargestellte Missverständnisse ließen sich auch gut miteinander kombinieren.

Das Bild aus dem Heilsbronner Münster ist im Grunde eine Illustration der Satisfaktionslehre. Der zornige Gott schwingt das Schwert, um die Menschen zu vernichten, und Jesus greift ihm in das Schwert, um ihn daran zu hindern. Der Heilige Geist in Gestalt einer Taube macht im linken Bildteil die Dreifaltigkeit komplett. Im rechten Teil des Bildes stellt sich Maria als Fürsprecherin vor die sündigen Menschen, ebenfalls um Gott zu versöhnen und ihn von seinem Tun abzubringen. Nach Knauer hat die Erlösung ihren Ausgangspunkt bei Gott. Nicht der Mensch bittet um Versöhnung, sondern Gott geht auf ihn zu und bietet ihm Versöhnung an. Insofern betont Knauer auch die erlösende Funktion der Menschwerdung Jesu. Schon seine Existenz, sein Reden und Handeln, spiegelt dieses Angebot Gottes wider, seine Bereitschaft zum Kreuzestod ist nur die endgültige Bestätigung dieses Anliegens. Indem Jesus Gott ganz vertraut, ist er zugleich Vorbild für die

Menschen, anderen Vertrauen zu schenken und damit ein Risiko einzugehen.

Gerade weil die Menschen erlösungsbedürftig sind und es häufig selbst nicht wahrhaben wollen, haben sie Jesu Botschaft nicht angenommen oder teilweise bekämpft. Das Kreuz ist eine Konsequenz aus dieser Situation.

Was aber ist Erlösung? Hierfür gibt es in der Bibel nur Bilder und die können auch wieder leicht missverstanden werden. Eines dieser Bilder ist das vom Loskauf eines Sklaven. Durch die Versöhnungsbereitschaft Gottes sind wir nicht mehr unseren Begierden, all dem, was uns unfrei macht, schutzlos ausgeliefert, sondern in eine neue Existenzweise hineingenommen, die gottgegebene Freiheit schenkt. Das wird z.B. in der Tauftheologie von Röm 6 deutlich (vgl. 2.5). Anders als in diesem symbolischen Akt vollzieht sich die existentielle Veränderung des Menschen meistens in einer langfristigen Entwicklung mit vielen Brüchen und Umwegen. Wichtig bleibt aber, dass ein Zusammenhang besteht zwischen der Erlösung in der Gegenwart (in diesem Leben) und ihrer Vollendung nach dem Tod. Man sollte also auch hier nicht das simple Bild vor Augen haben, dass Eintragungen in einer himmlischen Liste durch bestimmte religiöse Handlungen gestrichen werden.

3 Die Vollendung im Blick – Bilder der Hoffnung

3.1 Zur Hermeneutik christlicher Hoffnungsbilder

Grundlage: Gisbert Greshake: Zur Deutung eschatologischer Aussagen

Zunächst zur Terminologie: Eschatologie ist die Lehre von den letzten Dingen. Damit kann das Weiterleben des einzelnen Menschen nach seinem Tode gemeint sein (individuelle Eschatologie) oder die Vollendung der Welt am Ende der Zeiten (universelle Eschatologie). Wie beides zusammenhängt, soll noch deutlich werden. Was wir hier besprechen, nennt sich Hermeneutik (die Lehre vom Verstehen). Dass unterschiedliche Textsorten eine unterschiedliche Herangehensweise verlangen, müsste verständlich sein. So kann man beispielsweise von einem Gedicht nicht ähnlich exakte Informationen verlangen wie von einem Telefonbuch oder dem Fahrplan der Deutschen Bahn. Aber auch von einer politischen Rede unterscheidet sich ein Gedicht (meistens) erheblich. Es ist also immer möglich, Texte misszuverstehen, wenn man ihnen eine falsche Intention unterschiebt. Eschatologische Texte sind keine

Beschreibung, keine Reportage zukünftiger Ereignisse. Es gibt Menschen, die zu "Wahrsagern" gehen, um sich die Zukunft voraussagen zu lassen. In ähnlicher Weise erwarten viele Menschen von der Bibel als heiligem Buch genaue Angaben über das, was ihnen bevorsteht. Zum Beispiel versuchten und versuchen bestimmte Sekten, auf der Grundlage der Bibel das Ende der Welt (den jüngsten Tag) auszurechnen. Das widerspricht aber der Form und Intention dieser Texte (s. unten). Zudem wurden die Texte vom Endgericht usw. häufig dazu missbraucht, den Menschen Angst zu machen und sie damit der Kirche und den Herrschenden gefügig zu machen. Es geht aber nicht um Angst, sondern um das Aufzeigen neuer Lebensmöglichkeiten, darum, Mut zu machen oder Trost zu spenden, also um Hoffnung.

In der Jgst. 11 wurde deutlich, dass die biblischen Schöpfungstexte nicht als naturwissenschaftliche oder historische Aussagen zu verstehen sind, sondern dass sie in ihrer jeweiligen Form grundlegende Aussagen zum Verhältnis von Gott und Mensch, Mensch und Schöpfung, aber auch zum Wesen des Menschen selber machen. Die Bibel gibt also keine Beschreibung, wie alles angefangen hat, und keine Beschreibung, wie alles endet. Sie versteht vielmehr Anfang und Ende umfangen von der Leben gewährenden Liebe Gottes, weil die Autoren diese Liebe, diese Hinneigung Gottes zu den Menschen in der Gegenwart ihres eigenen Lebens erfahren. Wenn das Leben der Menschen in der Gegenwart von Gott umfangen ist, dann muss das in der

Vergangenheit auch schon so gewesen sein und so muss es auch in der Zukunft sein. Denn Gott wird als treu erfahren, er verändert sein Wesen nicht. So wird die Menschheitsgeschichte von ihrem Anfang bis zu ihrem Ende als eine auf Gott bezogene Entwicklung interpretiert. Ausgangspunkt dieser Interpretation ist aber die Erfahrung Gottes in der Gegenwart. Eschatologische Bilder sind also Hoffnungsbilder. Hoffnung beschreibt nicht. Es gehört zu ihrem Wesen, offen zu sein und nicht festzulegen. Sie richtet den Blick auf einen positiven Ausgang der Geschichte von Glück und Leid des Menschen, also auf Vollendung, ohne festzulegen, wie wir uns diese Vollendung wirklich vor vorzustellen haben.

Daher können eschatologische Texte nur mit Bildern arbeiten, die sich ergänzen, oft aber auch widersprechen. Menschen sind nicht fähig zu abstrakter Hoffnung, sie benötigen Vorstellungshilfen. Beispielsweise können wir uns jegliche Form von Wirklichkeit nur in den Kategorien von Raum und Zeit vorstellen. Raum und Zeit prägen aber die Gesetzmäßigkeiten und Erfahrungen dieser Welt, sie sind erst durch den Urknall entstanden und sind nicht auf den metaphysischen Bereich (die "jenseitige Welt Gottes") zu übertragen. Während es also in der theologischen Wissenschaft durchaus die klare Definition von Begriffen oder die exakte Formulierung von Glaubenssätzen gibt, halten eschatologische Bilder die künftige Wirklichkeit offen für eine Erfahrung, die im Vorgriff nicht erkannt und nicht formuliert werden kann.

Himmel ist also kein Raum, ewiges Leben keine zeitliche Aussage. Auch "Gericht" ist ein Bild aus der menschlichen Erfahrungswelt und gibt nur ansatzweise einen Hinweis auf das Zukünftige. In Wahrheit geht es um die Verantwortung des Menschen für sein jetziges Handeln. Aber wir hoffen nicht auf etwas, sondern auf jemanden. So besteht die Hoffnung letztlich darin, dass Gottes Liebe zu uns mit dem Tode nicht aufhört, sondern sich in veränderter Form fortsetzt bzw. intensiver und ungebrochener erlebt wird. Wir hoffen auf ein Dasein bei Gott, auf eine Schau Gottes, wie er ist. Aber das sind schon wieder alles Bilder.

3.2 Die Hölle: für immer verdammt?

Grundlage: Gisbert Greshake: Die Hölle

Gott möchte das Heil aller Menschen, das ist der Kern der Botschaft Jesu Christi. Und Jesus ist am Kreuz gestorben, um alle Menschen zu erlösen. Es gibt daher Theologen, die sich fragen, ob überhaupt ein einziger Mensch am Ende das Heil verlieren wird. Denn das würde Gottes Vergebungsbereitschaft widersprechen und wäre im Grunde eine Art Niederlage Gottes, der diesen Menschen verloren hat. Kommen also alle Menschen in den Himmel (nicht räumlich gemeint)? Andere verweisen auf das elementar menschliche Gefühl für Gerechtigkeit und sagen, wenn Massenmörder wie Hitler oder Stalin in den Himmel kämen, dann wollten sie selber lieber darauf verzichten.

Wegweisend ist das Gleichnis Jesu von den Arbeitern im Weinberg (Mt 20,1-16). Ein Weinbergbesitzer engagiert zur Zeit der Ernte Tagelöhner, die er auf dem Markt findet, damit sie bei der Ernte helfen. Da es sehr viel Arbeit gibt, geht er alle zwei Stunden zum Markt, um weitere Arbeiter einzustellen. So arbeiten einige Arbeiter elf Stunden, die letzten aber nur eine Stunde. Schließlich gibt der Chef allen Arbeitern den gleichen Lohn. Diejenigen, die am längsten gearbeitet haben, beschweren sich über diese Ungerechtigkeit. Der Weinbergbesitzer aber verweist darauf, dass sie das erhalten hätten, was mit ihnen abgesprochen worden sei. Es dürfe sie aber nicht kratzen, dass er so großzügig sei, dass er auch den anderen gebe, was sie zum Leben benötigten. Oder seien sie etwa neidisch auf die anderen? Wenn wir in diesem Gleichnis eine Aussage über das Handeln Gottes sehen, wird deutlich, dass er andere Maßstäbe anlegt, als wir Menschen es gewohnt sind. In unserer Gesellschaft herrscht weitgehend das Leistungsprinzip, z.B. in der Schule. Auch wenn manchmal die Messung von Leistung etwas problematisch ist, wird das zugrunde liegende Prinzip weitgehend anerkannt. Die meisten Schüler wären wohl nicht wirklich begeistert, wenn ihre Lehrer jedem die gleiche Note gäben, selbst wenn es eine sehr gute Note wäre. Gott aber sieht anders und bewertet anders als wir. Und: Gott ist kein Erbsenzähler (dazu unten mehr). Allerdings darf man eines nicht übersehen: Alle Arbeiter im Gleichnis, die ihren Lohn erhalten, haben mindestens eine Stunde gearbeitet. Der Weinbergbesitzer verschenkt sein Geld nicht an diejenigen, die sich vor der Arbeit drücken. Daher verweist

Greshake auf den Wert der Freiheit (vgl. 2.3 oder auch die Theo-dizee-Frage in 12/I). Wer aus eigener freier Entscheidung mit Gott wirklich nichts zu tun haben will, wer sich grundsätzlich seinen Mitmenschen verweigert und nur auf Selbststeigerung aus ist, den will Gott auch nicht zu seinem Heil zwingen, denn das würde die Freiheit wieder begrenzen. Aber gibt es solche Menschen? Und wenn ja, wie viele? Ich bin nicht Gott, und das ist auch gut so. Unsere Urteile über andere Menschen sind immer vom Blickwinkel her begrenzt und von den Kriterien her menschlich. Im Buch Jesaja steht: "Meine Gedanken sind nicht eure Gedanken und eure Wege sind nicht meine Wege - Spruch des Herrn. So hoch der Himmel über der Erde ist, so hoch erhaben sind meine Wege über eure Wege und meine Gedanken über eure Gedanken." (Jes 55,8f.)

Menschliches Leben - das ist Greshakes Überzeugung - ist immer ein Leben in Beziehung und kann sich nur in Beziehungen verwirklichen. Wer sich dem verschließt, könnte vielleicht kurzfristig Vorteile für sich verbuchen, wird aber letztlich sein Heil verfehlen. Greshake wird in seinen Überlegungen häufig von Schülern missverstanden. So wird gefragt, ob man seiner Meinung nach an Gott glauben müsse, um das Heil zu gewinnen. Hier hilft ein Wort Jesu: "Was ihr dem geringsten meiner Brüder getan habt, das habt ihr mir getan." (Mt 25,40) Die Beziehung zu Gott verwirklicht sich also in der Beziehung zu den Mitmenschen, auch wenn jemand diesen Zusammenhang gar nicht sieht. Ich sagte schon oben: Gott ist kein Erbsenzähler. Er zählt nicht nach, wie regelmäßig wir gebetet haben. Wenn wir Gott verehren, dann wertet es nicht Gott auf, sondern es hilft uns selber, unsere Beziehung mit Gott lebendig zu halten und in unsere Lebenspraxis hineinzunehmen. Man sollte daher mit dem traditionellen Sündenbegriff vorsichtig sein. Sicher gefährdet jede Sünde die Beziehung zu Gott. Aber auch umgekehrt ist jede Sünde (und vor allem die gegenüber Mitmenschen) schon eine Folge dessen, dass mit dieser Beziehung noch etwas nicht in Ordnung ist. Greshakes Überlegungen sind auch nicht so zu verstehen, dass sich Heil oder Unheil in unseren menschlichen Erfahrungen erschöpfen. Er verdeutlicht nur einen Zusammenhang: Was der Mensch in diesem Leben grundgelegt hat, Offenheit und Beziehungsbereitschaft oder Selbstsucht und Selbstisolierung, das wirkt über dieses Leben hinaus. Es sind also weniger die einzelnen Taten, sondern die zugrunde liegende Haltung, die bewirkt, dass der Mensch seine Bestimmung findet oder nicht. Himmel wäre dann, dass die Beziehungsgeschichte mit Gott und den Mitmenschen ihre Erfüllung findet und der Mensch zu seiner Vollendung gelangt. Hölle wäre es, dieses Ziel zu verfehlen und in ewiger Beziehungslosigkeit zu verharren.

3.3 Das Fegefeuer: Vollendung erst im Jenseits?

Grundlage: Katholischer Erwachsenen-Katechismus: Das Fegefeuer

Ein Fegefeuer kommt (auch mit einem anderen Begriff) in der Bibel nicht vor. Man kann (wie Muslime das tun würden) kritisieren, dass hier der Offenbarung etwas hinzugefügt wurde, man kann es auch als ein folgerichtiges Weiterdenken der Offenbarungsgedanken ansehen, Tatsache ist jedenfalls, dass diese Vorstellung aus der christlichen Volksfrömmigkeit und Theologie herausgewachsen ist. Aber auch diese theologische "Erfindung" hat ihre Wurzeln. Dazu gehört die Formulierung des heiligen Paulus, eine Rettung "wie durch Feuer hindurch" (1 Kor 3,15) sei möglich. Wichtiger allerdings ist noch die Praxis der Kirche (und auch in anderen Religionen), für Tote zu beten, die in verschiedenen Formen in der Liturgie und im privaten Gebet vorkommt. Ein Beispiel aus dem 2. Eucharistischen Hochgebet: "Gedenke unserer Brüder und Schwestern, die entschlafen sind in der Hoffnung, dass sie auferstehen. Nimm sie und alle, die in deiner Gnade aus dieser Welt geschieden sind, in dein Reich auf, wo sie dich schauen von Angesicht zu Angesicht." Ein Bittgebet setzt immer die Erwartung (und Hoffnung) voraus, dass durch dieses Gebet etwas bewirkt werden kann. Wenn aber alle Entscheidungen (zum Heil oder Unheil der Verstorbenen) schon endgültig gefallen sind, ist ein solches Gebet unnötig und sinnlos.

Das Gebet setzt also voraus, dass sich noch im Jenseits eine Entwicklung ereignet, die letztlich zum Heil der Verstorbenen führen soll. Die auf die antike Symbolik zurückgehende Vorstellung von der reinigenden Kraft des Feuers hat leider in der Geschichte des Christentums sehr negative Folgen gehabt. Ketzer (die etwas Falsches glauben und verkündigen) und Hexen wurden verbrannt, um ihre Seelen vom Bösen zu reinigen und ihnen vielleicht doch noch die ewige Seligkeit zu eröffnen. Zugleich wollte man damit die jeweilige Ortschaft ebenfalls vom Teufel reinigen. Neben diesen Auswüchsen gläubiger Hysterie gab es aber auch die "normale" negative Folge. Der Glaube an Hölle und Fegefeuer erhöhte die Angst der Menschen vor den Sündenstrafen und führte zu verzweifelten Versuchen, sich davon zu befreien. Der Kauf von Ablassbriefen, also Dokumenten, die einen Nachlass der Strafen im Jenseits bestätigen, war eine extreme Form dieser Versuche.

Das "Fegefeuer" ist also ein etwas problematischer Begriff für die Vorstellung, dass der sündhafte Mensch noch nach seinem Tode gereinigt wird. Diese Vorstellung entspricht einer realistischen Einschätzung: Die guten Menschen kommen in den Himmel, die bösen in die Hölle, aber wohin kommen wir? Im Bild gesprochen: 99,9 % (oder mehr!) der Menschen sind nicht weiß oder schwarz, sie sind grau (wenn auch in unterschiedlichen Schattierungen). Eine einfache Alternative von Himmel und Hölle löst diesen Tatbestand nicht. Eine Aussage des Duisburger Theologen Franz-Josef Nocke hat mir geholfen, den Reinigungsvorgang des "Fegefeuers" zu verstehen. Nocke sagt, der Verstorbene begegne im Tode dem ewigen, vollkommenen Gott und werde sich dadurch seiner eigenen Schwäche, Unvollkommenheit, Getriebenheit bewusst. Er empfinde im Rückgriff auf sein Leben unendliche Scham. Diese Erfahrung sei schmerzhaft, sie sei aber auch heilend, denn er erlebe zugleich den unendlich gütigen, liebevollen Gott, der ihn trotz seiner Schuld annimmt. (Das ähnelt der menschlichen Erfahrung, einem Mitmenschen, dem gegenüber man schuldig geworden ist, seine Schuld einzugestehen und Verzeihung zu erlangen. Auch da erfährt man Schmerz und Erleichterung zugleich.) Der Katechismus-Text erklärt das Fegefeuer im zweiten Abschnitt ähnlich wie Nocke. "Das Fegefeuer ist also Gott selbst in seiner reinigenden und heilenden Macht für den Menschen."

Die Lehre vom Fegefeuer ist in ihrer traditionellen Form vor allem eine katholische Glaubensvorstellung. Die katholische Kirche ist von ihrer theologischen Tradition her vor allem daran interessiert, Glaubenssätze exakt zu formulieren und kirchenrechtlich festzulegen. Das ist der Unterschied zu den orthodoxen Kirchen (z.B. in Griechenland oder Russland), die auch an das Fegefeuer glauben, aber keine entsprechende lehramtliche Festlegung haben. Die Kirchen der Reformation (bei uns: Evangelische Kirche) beziehen sich auf theologische Gedanken Martin Luthers. Luther, der ein sehr leidenschaftlicher Mensch war, hatte als junger Mann große Angst vor den Strafen im höllischen Feuer. Die Lektüre vor allem des Römerbriefes im NT festigte in ihm die Überzeugung, dass der

Mensch zwar niemals in der Lage ist, vor Gott gerecht dazustehen, dass Gott ihn aber von sich aus durch den Kreuzestod Jesu gerechtfertigt hat (Rechtfertigungslehre). Ein Läuterungszustand im Jenseits würde aber bedeuten, dass Jesu Kreuz alleine noch nicht ausgereicht hätte. Deshalb lehnen evangelische Christen die Lehre vom Fegefeuer ab.

3.4 Der Himmel: Kann man ewig selig sein?

Grundlage: Video: Fritz Strassner: Ein Münchner im Himmel

Katholischer Erwachsenenkatechismus: Der Himmel

Über alle Zeiten hinweg hatten die Menschen durchaus konkrete Vorstellungen von der Hölle. Wie Menschen bestraft und gefoltert werden, wie man jemandem das Leben zur Hölle machen kann, das kann man sich durchaus vorstellen, und es wurde gezielt eingesetzt, um Angst vor der Hölle zu erzeugen. Was aber geschieht im Himmel? Zwar wissen wir, was uns Freude macht, aber einen Zustand der ewigen Glückseligkeit können wir uns nur schwer vorstellen. Wenn wir es versuchen, stellt sich sehr schnell die Angst vor ewiger Langeweile ein. Eine Existenz ohne Herausforderungen und ohne Entwicklung kann nicht wirklich befriedigen. Mit diesem Dilemma und einigen traditionellen Vorstellungsbildern spielt der Sketch "Ein Münchner im Himmel".

Der Münchner vermisst seine gewohnte Umgebung, vor allem das Bier, und findet den ständigen Lobpreis Gottes (Hosianna) anödend. Der so vorgestellte Himmel ist für ihn eben kein Himmel, (ewig) zu Hause fühlt er sich dagegen im Hofbräuhaus.

Gehen wir also ruhig davon aus, dass wir nach unserem Tode nicht mit ständigen Hosianna- oder Halleluja-Gesängen gelangweilt werden. Was aber ist Himmel? Der Katechismus-Text, gibt uns einen wichtigen Hinweis, weil alle entscheidenden Aussagen kursiv gedruckt sind:

-Zustand vollendeter Glückseligkeit
- die ewige Gemeinschaft des Menschen mit Gott
- Anschauung Gottes von Angesicht zu Angesicht
- vollendete Teilnahme am dreifaltigen Leben Gottes
- vollendete Gemeinschaft der Heiligen.

Es lassen sich also drei Aspekte unterscheiden: der individuelle, der theologische und der gemeinschaftliche. Himmel bedeutet erstens, dass der Mensch ganz zu sich kommt. Alles, was auf Erden vorläufig, fragmentarisch gebrochen erscheint, wird jetzt vollständig erfüllend. Das gilt für alles, was der Mensch ersehnt hat, aber auch für seine eigenen Charaktereigenschaften, z.B. seine Fähigkeit zu lieben. Himmel ist also die absolute Erfüllung seiner Existenz. Eine solche Erfüllung ist aber, zweitens, ohne die Begegnung mit Gott nicht möglich. Während der Mensch auf Erden Gott nur erahnt, erkennt er ihn nun vollkommen und integriert sich sozusagen in seine Wirklichkeit. Beim Thema Trinität in 12/I haben wir Abbildungen gesehen, die den Menschen nicht nur als Empfänger (als Objekt) der trinitarischen Gnade gesehen haben, sondern ihn in die göttliche Kommunikation hineingenommen haben. In der Gestalt des Heiligen Geistes ist jeder Mensch immer schon Teil dieser trinitarischen Wirklichkeit, allerdings nur gebrochen und vorläufig. Was hier angelegt ist, verwirklicht sich in Gottes Gegenwart endgültig.

Und weil Gott selber Gemeinschaft ist, geht es auch in der himmlischen Wirklichkeit nicht allein um die Erfüllung des Einzelnen. Wie der Mensch schon zuvor ein Beziehungswesen ist, so ist er auch jetzt, drittens, hineingenommen in die Gemeinschaft aller Erlösten, ein Prozess, der jetzt schon deutlich wird, wenn wir für die Toten beten.

3.5 Das Gericht: Zwischen Vergebung und Verdammnis?

Grundlage: Hans Memling: Das jüngste Gericht Mt 25,31-46

Das Triptychon "Das jüngste Gericht" von Hans Memling zeigt im Mittelteil unten die Ausgangssituation: Am jüngsten Tag öffnen sich die Gräber und die Toten kommen - zunächst nackt - auf die Erde zurück. Sie werden empfangen und geschieden vom Erzengel Michael, der eine Waage in der Hand hält. Dieses Bild der Waage geht bis auf altägyptische Darstellungen zurück. Mit ihr wird gemessen, wie "gewichtig" die guten Taten des Menschen waren. Über allem thront Christus auf einem Regenbogen, umgeben von den Aposteln und Engeln. An seinem Mund sind ein Schwert und eine Lilie zu erkennen, Bilder für die Bestrafung der Schlechten und die Reinheit (oder besser Reinigung) der Guten. Es ist der Mund Christi, der Gericht spricht. (Auch nach islamischer Vorstellung spielt Isa, also Jesus, die entscheidende Rolle beim Jüngsten Gericht.) Engel halten die Insignien der Passion und des Todes Christi (Kreuz, Dornenkrone etc.), um zu verdeutlichen, dass Jesus mit seinem Tod den Menschen das entscheidende Erlösungsan-gebot gemacht hat. Wer sich daran festhält, wird gerettet werden. An den Seitenteilen des Triptychons sieht man die Erlösten und die Verdammten. Die Erlösten werden von Petrus (Schlüssel!) empfangen und aufgenommen, sie werden bekleidet und durch ein kathedralenartiges Eingangstor in das Licht geführt. Die Verdammten aber landen, taumelnd und verzweifelt, im ewigen Feuer.

Die dargestellte Szenerie entspricht grundsätzlich dem Gleichnis vom Weltgericht in Mt 25. Im Gleichnis erfahren wir aber noch mehr über die Kriterien der Gerichtsentscheidung. Es kommt auf das an, was jemand seinen Mitmenschen helfend getan oder verweigert hat. Hier werden also nicht religiöse Pflichten oder Riten in den Mittelpunkt gestellt, nicht Lippenbekenntnisse des Glaubens und auch nicht der Verzicht auf Verbrechen wie Mord oder Diebstahl, sondern es geht um tätige Nächstenliebe. Das muss nicht bedeuten, dass all das unwichtig ist, aber es geht in diesem Gleichnis darum, Christen zu ermahnen, dass es nicht reicht "Herr! Herr!" zu rufen, sondern um das Bemühen, die göttliche Liebe in die irdische Tat umzusetzen.

3.6 Glauben Christen an eine unsterbliche Seele?

Grundlage: Josef Imbach: Pinselschrift meiner Geschichte

Die Bibel kennt den Begriff "Seele" (immaterieller Wesenskern des Menschen, der ihn mit Gott verbindet) nicht. Ebenso wie das Fegefeuer ist er eine spätere Hinzufügung. Alle hebräischen Begriffe, die u.U. mit "Seele" übersetzt worden sind, meinen etwas Konkreteres, z.B. den Atem, die Lebensenergie. Das entspricht dem ganzheitlichen Charakter der biblisch-semitischen Anthropologie, die den Menschen als ungeteilte Einheit sieht, der nicht in Körper und Geist/Seele/Bewusstsein getrennt werden kann. Dass die christliche Theologie lange Zeit die Auferstehung an eine unsterbliche Seele des Menschen gekoppelt hat, ergab sich durch die Übernahme von Gedanken der griechischen Philosophie, vor allem von Platon. Wollte man die Botschaft Christi im Mittelmeerraum verkünden, musste man sie in den Denkkategorien der griechisch geschulten Menschen ausdrücken. Eine Auferstehung des Leibes konnten sich die Griechen und Römer nicht vorstellen, sie machten sich sogar darüber lustig. (vgl. Apg 17,32). Dass aber die Seele ein "göttliches" Element im Menschen ist, das lediglich durch den Körper daran gehindert wird, seinen wahren Wert zu erkennen, war ein bekannter, durchaus nachvollziehbarer Gedanke. Wenn man die Auferstehung von den Toten in dieser Begrifflichkeit artikulierte, war man auf der geistigen Höhe der Zeit. Für diese Koppelung zahlte man aber einen hohen Preis. Bis heute wirkt ein dualistisches Menschenbild nach, das die Körperlichkeit des Menschen als dreckig, schlecht ansieht, dass die Emotionalität verteufelt und das irdische Leben abwertet. Das steht aber in einem krassen Gegensatz zur biblischen Anthropologie.

Imbach kritisiert die Vorstellung von einer unsterblichen Seele des Menschen. Einerseits betont er, dass dadurch die Souveränität Gottes eingeengt wird. Wenn die menschliche Seele schon von sich aus unsterblich ist, bedürfe es Gottes Schöpferkraft nicht, um sie aus dem Tode wieder ins Leben zu rufen. Letztlich werde dadurch auch der Tod verharmlost. Außerdem werde durch die dualistische Vorstellung das irdische Leben abgewertet. Es wird nur noch als Vorspruch, Eingangsbereich, Zugangstest o.Ä. gesehen und verliert seinen selbstständigen Wert. Auch das widerspricht der biblischen Botschaft. Imbach betont also, dass die Auferstehung den ganzen Menschen betrifft, den Gottes Schöpferkraft wieder ins Leben führt.

Dies wird im christlichen Glauben als "Auferstehen mit Leib und Seele" bezeichnet. Aber auch diese Formel ist missverständlich. Es ist nicht gemeint, dass sich der im Grabe zerfallene, von Würmern und Insekten zerfressene, materielle Körper wieder zusammensetzt. Dieses Stück Materie gehört ganz der irdischen Realität und verbleibt in ihr. Der Begriff "Leib" muss hier also grundsätzlicher gefasst werden. Gemeint ist, dass in der "himmlischen Sphäre" die irdische Identität bewahrt bleibt. Der Auferstehende ist derselbe, der vorher auf der Erde gelebt hat und gestorben ist, jetzt aber in eine immaterielle Existenz verwandelt. Das heißt, dass er seine Erfahrungen in dieses neue Leben mit hineinnimmt und ebenso seine Beziehungen. Denn das, was wir erleben, und die Menschen, denen wir begegnen und mit denen wir interagieren, prägen unsere Identität. Erfahren und Kommunizieren sind aber grundlegend leibliche Phänomene.

Vollzieht sich die Auferstehung nun im Tode oder erst am jüngsten Tag? Die Bibel gibt uns hier äußerst widersprüchliche Aussagen. Während Jesus am Kreuz zu dem "guten" Mitgekreuzigten sagt: "Heute noch wirst du mit mir im Paradies sein." (Lk 23,43), verweist das uns bekannte Gleichnis Mt 25 auf ein endzeitliches Geschehen. Die Theologen im Mittelalter versuchten beide Vorstellungen miteinander zu verknüpfen: Der Tote wird unmittelbar nach dem Tod gerichtet und kommt in den Himmel oder in die Hölle oder über das Fegefeuer ebenso in den Himmel. Das universale Gericht am jüngsten Tag bestätigt dann noch einmal diese Entscheidung. Aber ist es nicht unsinnig, zweimal Gericht zu halten, wenn das Ergebnis sowieso dasselbe ist? Die Frage bleibt also bestehen. Heutige Theologen neigen der einen oder der anderen Meinung zu und zwar quer zu den unterschiedlichen christlichen Richtungen und Konfessionen, einerseits eines Gerichtes und der Auferstehung unmittelbar nach dem Tode, andererseits der Vorstellung, der Tote bleibe tot (Ganztodtheorie) und werde erst am Ende der Zeit auferweckt und gerichtet. Imbach vertritt die erste Vorstellung: "Im Tod tritt also der ganze Mensch, als Person, vor Gott." Er verbindet das mit dem Gedanken: Weil jeder Mensch seine Beziehungs-geschichte in Gottes Gegenwart trägt, ist er sozusagen ein Puzzlesteinchen zu einem umfassenden Prozess, der erst am Ende der Zeiten abgeschlossen ist. Meine eigene Theorie geht von der Erkenntnis aus, dass nicht nur der Raum, sondern auch die Zeit durch den Urknall entstandene Phänomene dieses Universums sind und nicht auf Gottes Wirklichkeit übertragen werden können. Wir erleben Ereignisse in ihrem zeitlichen Ablauf. So ist meine Urgroßmutter (gestorben 1952) Jahrzehnte vor mir gestorben und müsste - man verzeihe mir das Bild - Jahrzehnte vor mir in den Himmel gekommen sein. Wenn aber dieser zeitliche Ablauf bei Gott nicht gilt, dann kommen wir gleichsam gleichzeitig in den Himmel (was natürlich schon wieder ein zeitlicher Begriff ist). Meiner Meinung nach sind also Individualgericht und Universalgericht dasselbe.

3.7 Das Reich Gottes: Erlöst bin ich nicht allein

Grundlage: Arbeitsblatt mit Mk 13,24-26.31-33; Mt 4,17; Lk 17,20f. Synodenbeschluss: Unsere Hoffnung

"Die Zeit ist erfüllt, das Reich Gottes ist nahe. Kehrt um und glaubt an das Evangelium!" (Mk 1,15) Diese Formulierung gilt als Kurzzusammenfassung der Botschaft Jesu. Im Mittelpunkt dieser Botschaft steht das Reich Gottes. Es geht Jesus also nicht in erster Linie um das Heil des Einzelnen, sondern er stellt das individuelle Heil immer schon in den Zusammenhang einer erlösten Gesellschaft. Möchte man allerdings Genaueres über das Reich Gottes erfahren, stößt man in den Evangelien auf widersprüchliche Aussagen. Jesus stellt keine Theorie des Reiches auf, er versucht, durch immer neue Aspekte in der Verkündigung und durch sein Handeln an konkreten Menschen Mut zu machen, sich für das Reich Gottes offen zu halten, sich auf diese neue Wirklichkeit einzulassen. Insofern betont er, dass das Reich Gottes in seinem Wirken schon gegenwärtig ist, auch wenn die endgültige Erfüllung noch aussteht (eschatologischer Vorbehalt). Das Reich Gottes zu verwirklichen, bleibt Angelegenheit des Vaters. Allerdings kann man in den Evangelien erkennen, dass Jesus mit seinem baldigen Anbruch rechnete (Naherwartung), und auch die frühen Christen waren überzeugt, dass diese Ereignisse noch zu ihren Lebzeiten einträfen, so dass sie beispielsweise diskutierten, ob die schon Verstorbenen nicht gegenüber den noch Lebenden im Nachteil seien (1 Thess 4,13-15). Dass die Weltgeschichte noch weitere 2000 Jahre (oder mehr) laufen würde, stand jedenfalls nicht im Horizont der damaligen Christen. Viele Worte Jesu beziehen sich so auch auf die Haltung, mit der sich die Menschen auf das Reich Gottes einstimmen sollen. Sie sollen ihm keine anderen Werte vorziehen (Mt 13,44-46) und sollen wachsam bleiben, um die Gelegenheit nicht zu verpassen (Mt 25,1-13). Sie sollen aber auch nicht ungeduldig werden und es hinter jeder Ecke vermuten (Mt 24,23ff.).

Der viel zitierte Satz aus dem Synodenbeschluss "Unsere Hoffnung": "Das Reich Gottes ist nicht indifferent gegenüber den Welthandelspreisen", macht deutlich, dass es keine Trennung des Lebens in mehrere Bereiche gibt. Wer sagt: "Das ist doch Politik und nicht Religion", wird einem wichtigen Auftrag der Christen nicht gerecht. Der Textausschnitt kritisiert aber auch, dass die Kirche genau das über viele Jahrhunderte (und oft bis heute) gemacht hat. Wer die Vollendung der Welt am Ende der Zeiten erhofft, bleibt nur dann glaubwürdig, wenn er sich in der Gegenwart für eine Verbesserung der Verhältnisse, für mehr Gerechtigkeit, einsetzt. Zugleich betont der Text, dass diese mögliche Verbesserung nicht identisch ist mit dem endzeitlichen Handeln Gottes, das wir erhoffen. Der Anspruch, wir müssten durch unsere Politik das Reich Gottes herbeiführen, würde nur zu Totalitarismus und nicht zu einer humanen Welt führen. Die Aussage des Textes erinnert mich an das bekannte Gebet: „Gott, gib mir die Gelassenheit, Dinge hinzunehmen, die ich nicht ändern kann, den Mut, Dinge zu ändern, die ich ändern kann, und die Weisheit, das eine vom anderen zu unterscheiden."

3.8 Apokalyptik: Von der Zerstörung zur Neuschöpfung

Grundlage: Informationsblatt mit Texten von W. Grundmann/J. Leipold, M. Küsters, P. Schmid Offb 13,1-18

Dieter Bauer: Die großen Tiere und der kleine Mann

Die Apokalyptik ist eine Denkrichtung, eine Bewegung, auch eine literarische Gattung, die eine Theorie der Geschichte bietet. Mit dem Begriff "Wissenschaft" wäre ich hier vorsichtig, weil die Antike etwas anderes darunter verstand als wir heute. Einerseits agierte diese "Wissenschaft" in Geschichten (und nicht in Formeln oder Definitionen), andererseits war ihr Ausgangspunkt eine Erfahrung, eine Deutung der erlebten Gegenwart: Alles wird immer schlimmer, das Leid, die Unfreiheit, der Abfall von Gott. So ist die Apokalyptik gleichsam eine "Rückschrittstheorie" der Geschichte, mit dem Ziel, den leidenden Menschen in dieser Situation Mut zu machen. Es müsse alles schlimmer werden, denn Gott habe vor, diese verderbte Welt völlig zu zerstören, um eine neue, bessere, endgültige aufzubauen. Wichtig sei es, diese Übergangssituation auszuhalten und an ihr nicht irre zu werden. Denn so schmerzhaft es sei, es dauere nicht mehr lange. Mit dieser Theorie verbunden ist ein dualistisches Weltverständnis. Es gebe eben nur das Gute und das Schlechte, keine Zwischentöne, und der Mensch müsse sich entscheiden, welcher Seite er anhängen möchte, auch wenn damit kurzfristige Nachteile verbunden wären. Wer hier versuche, Kompromisse zu schließen, der habe sich im Grunde nicht entschieden (vgl. Offb 3,15f.).

Diese Vorstellungsweise war in den drei Jahrhunderten von 200 v. Chr. bis 100 n. Chr. modern, also in der späten Zeit des AT und in der Zeit des NT. Apokalyptische Vorstellungen beeinflussten Jesus und ebenso die Evangelisten. Doch geht die Botschaft des NT nicht in der Apokalyptik auf. Jesus vermittelt die Erfahrung der Barmherzigkeit Gottes und den damit verbundenen Anbruch des Reiches Gottes schon in dieser Welt. Seine Bereitschaft, das Gegenwärtige des Lebens zu genießen und Festfreude zu vermitteln (Mk 2,18f.), verdeutlicht eine grundsätzliche Zustimmung zur Welt trotz all ihrer Schwächen.

Apokalyptische Texte arbeiten mit vielfältigen Symbolen (Zahlen, Tiere etc.), die das Gesagte gleichzeitig anschaulich machen und verschlüsseln (eine "geheime Offenbarung"). Möglicherweise enthalten sie versteckte Botschaften in einer Zeit der Verfolgung, sie sind aber auch ein literarisches Spiel der Autoren.

Politischer Hintergrund der Apokalyptik waren Verfolgung des monotheistischen Gottesglaubens, Folterung und Hinrichtung frommer Menschen, Entweihung und Zerstörung des Tempels, Vergöttlichung der Herrscher, Ultimata an die Menschen, den eigenen Glauben aufzugeben oder zu sterben. Die Apokalyptik ist also eine literarische Widerstandsbewegung gegen eine Zeit, die Glaubenstreue bestraft. Die Texte vermitteln die Gewissheit, dass Gott sich letztlich als Sieger erweisen wird.

Apokalyptische Texte sind in hohem Maße bedeutungsoffen, zumal wir die jeweils konkreten zeitgeschichtlichen Hintergründe nur vermuten können. Es ist daher gefährlich, die verwendeten Bilder wörtlich zu nehmen und als Voraussagen für die heutige Zeit zu verwenden. Zwar entstand die Apokalyptik aus der prophetischen Tradition des AT, doch ging es der Prophetie weniger um Vorhersagen als um eine Kritik der gegenwärtigen Zustände. Zentral ist die Glaubensüberzeugung, dass alles, was sich Gott entgegensetzt, von begrenzter Dauer ist und dass Gott am Ende die Weltgeschichte zu ihrem Ziel führen wird. So muss einerseits versuchen, die apokalyptischen Texte aus ihrer Zeit zu verstehen. Dass sich Offb 13 auf die Verfolgungen unter Kaiser Domitian, dem "wiedergeborenen Nero", bezieht, ist eine sehr wahrscheinliche Annahme, aber eben nur eine Annahme. Andererseits lässt sich die geäußerte Kritik natürlich auch auf andere Gesellschaften und ihre Machtstrukturen anwenden, sodass eine Aktualisierung auf dieser Ebene doch wieder möglich ist. Wie gesagt, war die Apokalyptik in den Jahrhunderten um Christi Geburt "Mode", d.h. sie entsprach dem Lebensgefühl der damaligen Menschen. Das ist heute nicht mehr der Fall, und das ist gut so. Das dualistische Welt- und Menschenbild, nach dem es nur gut und böse, Glaubenstreue und Glaubensabfall gibt, müssen wir heute differenzieren, weil das Leben vielfältig ist und es gefährlich ist, die Menschen zu verteufeln, die anderer Meinung sind als wir selbst. Auch die Abwertung des irdischen Lebens, die teilweise zu einer hysterischen Begeisterung früher Christen geführt hat, sich foltern und töten zu lassen, um so unmittelbar die himmlische Herrlichkeit zu erlangen, empfinde ich mehr als Krankheitssymptom denn als vorbildlich. Dennoch erwarten Christen die Erfüllung in der Wiederkunft Christi. "Maranatha", das aramäisch-sprachige Gebet, das mit "Unser Herr, komm!" oder "Unser Herr kommt" übersetzt werden kann, ist das Schlussgebet der Offenbarung (Offb 22,20). Aber wir haben Geduld gelernt und sehen in diesem Leben mehr als nur einen Eingangstest für das Jenseits.

Zentral für die Aussage von Offb 13 ist die Parallele zu Offb 5, der Anbetung des Lammes. Das Lamm wird als Symbol für Christus gebraucht, der sich, schuldlos und wehrlos, für die Menschen geopfert hat, also die Funktion des atl. "Sündenbocks" übernommen hat. Zudem vollzieht sich die Kreuzigung im zeitlichen Kontext des Pessachfestes, an dem ein Lamm geschlachtet und verzehrt wurde. Wenn das Lamm also in der Endzeit universale Verehrung genießt, dann bedeutet das, dass sich die Schwäche als stärker erweist als militärische oder wirtschaftliche Macht. Das Tier in Offb 13 imitiert das Lamm, es hat eine Wunde, die geheilt ist, es vollbringt Wunder, es lässt sich verehren. Bei aller Ähnlichkeit fällt aber ein wesentlicher Unterschied auf. Dieses Tier agiert auf der Basis der Stärke, nicht der Schwäche. Es will zerstören, nicht verbinden.

So bezeichnet Bauer das römische Reich als eine "billige Kopie" der Herrschaft Christi. Die Menschen sollen gleichsam "eingewickelt" werden von der Magie der Herrschaft und sollen dabei übersehen, wie unfrei sie diese Herrschaft macht. Die Mächtigen haben nämlich nicht das Wohl ihrer Untertanen, sondern ihren Gewinn im Kopf. Letztlich regiert das Geld diese Welt, "versklavt" die Menschen oder schließt sie aus. Insofern kann jede politische Ordnung zu einer solchen widergöttlichen Macht entarten, dennoch brauchen wir solche Ordnungen Am Ende möchte ich zu Bescheidenheit mahnen. Alle Gedanken, die ich in meinen Erläuterungen aus der modernen Theologie heraus entwickelt habe, sind das, was sie sein sollen: Hoffnungsbilder. Über das, was wirklich nach dem Tode geschieht, kann ich keine Auskunft geben. Im Glauben bin ich aber überzeugt, dass alles so anders und so überwältigend sein wird, dass wir es mit unserer menschlichen Sprache und unserer Erfahrung gar nicht ausdrücken können. Dennoch lohnt es sich, darüber zu reden (oder hier: zu schreiben), denn so, wie der Tod zum Leben gehört, gehört unsere Hoffnung zum Glauben.